Drik af mit egeblad

13 salmer om natur, klima og handling

Merete Bandak

Drik af mit egeblad

13 salmer om natur, klima og handling

Af samme forfatter
Fra januar til december, 12 månedssalmer 2022, BoD
- 1.bog i serien 'Salmer på vej'

Gud, ord og himstregimser, familieoplæsningsbog, 2022,
Forlagsgruppen Lohse

Et håb på størrelse med en myg, roman, 2018, Forlaget eksistensen

Salmer i salmedatabasen Salmer.dk

Drik af mit egeblad, 13 salmer om natur, klima og handling
- 2. bog i serien 'Salmer på vej'

© Merete Bandak 2022
Sat med skriften Bookman Old Style
Forlag: BoD - Books on Demand, Hellerup, Danmark
Tryk: BoD - Books on Demand, Norderstedt, Tyskland
ISBN 978-87-4304-973-9

Mennesket er i naturen. Naturen er i mennesket.
Naturen er stærk men også sårbar. Udsat for
menneskers tankeløshed og misbrug.
Mennesket i naturen er også sårbart, udleveret til
naturens og klimaforandringernes kræfter.
Derfor skal der synges – og der skal også handles.
Klimaansvar er også socialt og humanitært ansvar.
I dag skal vi være Guds hjerteslag
her i en såret verden ...

1. Der var engang før mennesket blev til
før tiger, rotte, fugl og bænkebider
før træer, svampe, mos og tøffeldyr
stromatolitter og prokaryoter

Før Jord og Sol og Måne, himmelrum
før sorte huller, støvsky og Big Bang
der fandtes vist kun singularitet
et brag der skabte rummet, stoffet, tiden

Hvad var der så før dette urtidsbrag?
Et skaberord så fuldt af ånd og mening
der kærligt formuleres i Guds mund.
Det fandtes i begyndelsen før alting

Ved tidens ende taler Gud igen
og skaberordet fødes som en skabning
Han var i verden, den blev skabt ved ham
Nu kommer han som tolk til menskeheden

2012

Første salme i korværket 'De ni læsninger', sat i musik af Árpad Tóth
2021

2. De grønne blades oxygen
i lungens alveoler
En blomstereng en morgen ren
i sommerlette kjoler
En lærkes uafbrudte sang
en mesterfløjtespiller
en uophørlig jubelklang
af lyse tonetriller

Du skaber takkens tonesprog
af jordens atmosfære
Vi læser i Den gode Bog
og ber at vi må lære
at åbne hjertet vidt på gab
mod himlen og mod støvet
og bruge kund- og lidenskab
i livet ufortøvet

så vi tar vare på vor jord
og livets runde gave
For tidens kald til lille, stor
før verden går af lave
er handling i ansvarlighed
til skaberværkets bedste
Gud, giv os frodig kærlighed
til kloden og vor næste

2021

Melodi: Torsten Borbye Nielsen

3. Lys igennem min silkehud
lad mig stråle som himmelguld, Gud
mellem kæntrede birke
i det visne mandshøje græs
under kæder af trækkende gæs
i naturens kirke

Gennem brombær og bregneskov
går en sti, det er ikke kun sjov,
mellem nælder og bynke
Giv mig styrke som stjernemos
så jeg lykkes og trives på trods
Glat bekymret rynke

Kast din blåhed i søens spejl
jeg vil gribe den helt uden fejl
i mit åbnede øje
Kom og drik af mit egeblad
eller tag et forfriskende bad
i en dugget trøje

Og mens havørnen flyver bort
ber vi: Åbn os himmerigs port
lad os ikke tilbage
Klæd os af, Gud, og klæd os på
så vi sammen kan fuldkomne stå
uden død og plage

2013

4. I dag står vi op for vor Herres pris
synger med alt det skabte
Helligånd, genopret paradis
genopret det vi tabte
Lad din sol skabe liv på jord
vand vort hjerte så troen gror
send os stråler fra himlen

I dag skal vi vande det lille frø
glemt og forsømt i støvet
Håbet der handler skal ikke dø
ikke gå om bedrøvet
Frøet spirer i duggens bad
duen flyver med olieblad
Herren handler på jorden

I dag skal vi være Guds hjerteslag
her i en såret verden
være hans lys, gøre nat til dag
lindre og dele smerten
bære ved til et glædesbål
række hånd så vi når i mål
Guds alene er æren

2021

Melodi: Torsten Borbye Nielsen

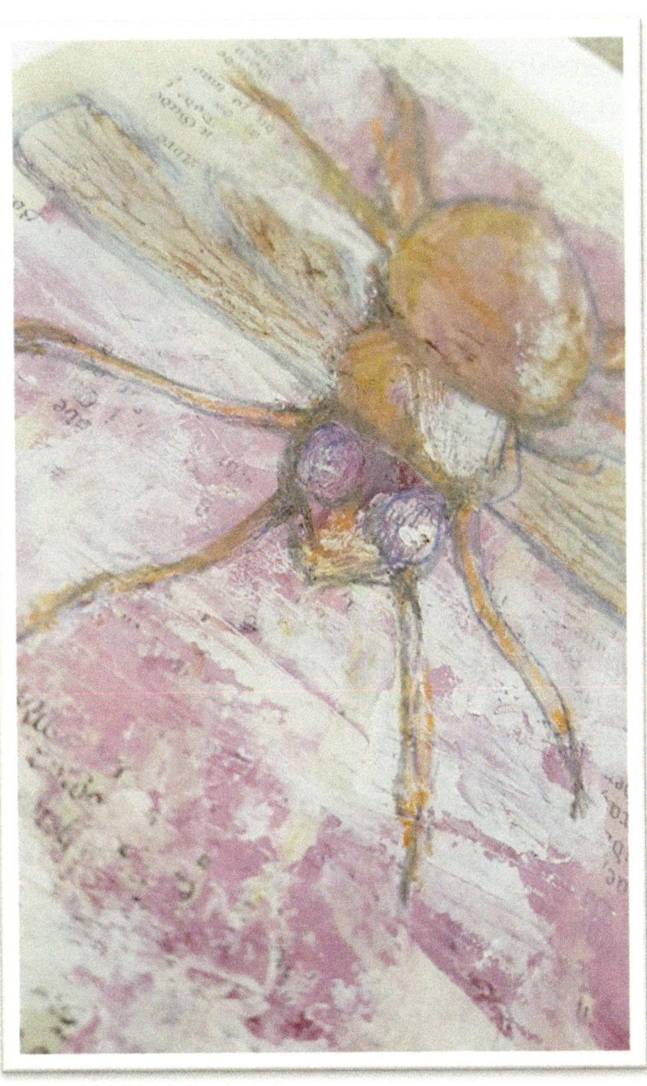

5. Tak Gud for regnen der falder fra taget
vinduets dryppende grå gardin
pytter der samles i underlaget
bækken der snor sig ny og fin

Tak Gud for spurven der ryster sin vinge
ramt af en dråbe for første gang
dråber der lander og danner ringe
under dens spæde vingefang

Tak Gud for væde til planter i krukker
tak for det perlende rosenblad
tak for de blomster vi ikke plukker
tak Gud for havens brusebad

Tak for den høne der står under træet
bladenes skærmende paraply
hvilende trygt mens den bøjer knæet
etbenet høne finder ly

Tak Gud for havet og pytten den lille
hjælp os at værne om vores Jord
Du som er skaber og livets kilde
kom, lad den springe hvor vi bor

2020

Melodi: Torsten Borbye Nielsen

6. Som sommernat orangerød i nord
og lysende og klar som silkebånd
som himmelrummets kuppel over jord
og blød og ærlig som en barnehånd

Som solens brydning i en sommersø
et stjernehav af funklende krystal
og blomstergræssets pollensprøde frø
og aks der bølger blidt som blød metal

Som sværmende forventning til Sankt Hans
og duft af bål og røg der driver hen
og sommersang i natten og en dans
og nabosnak og hygge ven med ven

Som sommerfuglens lette vingefang
som hvide sejl der pustes over mark
som nattergalens trommeslag og sang
som fryd da Noa åbnede sin ark

Så stort som livet er når det er bedst
så stor en glæde vil jeg synge ud
Vi ber spil op til dans og takkefest
og lov og pris til skaberglædens Gud
2020
Melodi: Torsten Borbye Nielsen

7. I havets brusen
i skyens glans
i vindens susen
i fluers dans
er øret hjemme
er øjet mæt
er Åndens stemme
er himlens åndedræt

I dåbens vande
i duens svæv
på barnets pande
på brystets væv
er Du til stede
som fylder alt
med skaberglæde
og evighedsgestalt

En due bringer
et olieblad
og livet springer
af dåbens bad
Med korsets mærke
fra dødens bid
vi rejses stærke
med liv til evig tid

Lad øjne skue
lad øjne se
at Noas bue
at Livets træ
for den der fryser
og søger mer
er tændt og lyser
er plantet lige her

Tag os ved hånden
tag os i favn
at vi ved Ånden
må gøre gavn
så du kan virke
med kærlighed
ved os, din kirke,
i verden vid og bred
                    2014
Melodi: Torsten Borbye Nielsen

8. Min næste er ensom, forkommen og træt,
at vælge sit eget er næsten for let.
Jesus tog ansvar og delte sit brød
i ørknen med femtusind mensker i nød.
Håbet er her, I er jordens salt,
byen på bjerget der ses overalt.
I er det lys der viser vejen.
Grib det og skin, vær aldrig forlegen.
Jesus er lysets kilde.

Min næste har skrammer på sjælen fra krig
og bærer på gemte uhørlige skrig.
Jesus besøgte Zakæus' hjem,
for ingen skal sondre i 'os og i dem'.
Håbet er her, I er jordens salt,
byen på bjerget der ses overalt.
I er det lys der viser vejen.
Grib det og skin, vær aldrig forlegen.
Jesus er lysets kilde.

Der ligger et vrag på Samariavej,
en nødstedt og plyndret, det ku være mig.
Jesus forbinder, og vi går af sted
til livet på jorden i håb og med fred.
Håbet er her, I er jordens salt,
byen på bjerget der ses overalt.
I er det lys der viser vejen.
Grib det og skin, vær aldrig forlegen.
Jesus er lysets kilde.

En klode der dirrer for varm og for kold
og kalder på handling, før jorden blir gold.
Jesus, giv mod så vi vandrer på vand
som Peter - og tørskoet når vi i land.
Håbet er her, I er jordens salt,
byen på bjerget der ses overalt.
I er det lys der viser vejen.
Grib det og skin, vær aldrig forlegen.
Jesus er lysets kilde.

2022

Melodi: Kristian La Cour

9. Salige er de sørgende
der flygter fra sult og krige
Salige er de spørgende
der tror Gud har mer at sige

Salige er de ensomme
der kun finder fred på Nettet
De der bær' om på fordomme
skal blive for byrden lettet

Salige de barmhjertige
der ikke tæller på knapper
ikke er selvretfærdige
og hjælper når ingen klapper

Salige de der er som børn
af hjertet undrende, rene
Højt skal de svæve som en ørn
og se Gud, den sande, ene

Salige de der stædigt tror
at kærligheden vil vinde
Lige så sandt som kornet gror
skal alle der søger finde

Salig er den der ler til sidst
sagtmodighed vinder palmer
forude vinker ganske vist
en krone der aldrig falmer

Salig er du der stifter fred –
for Gud ønsker fred på jorden –
tåler de knubs der følger med
du kender Guds vej og går den

Salige I der holder ud
og venter på paradiset
Sandelig, I skal møde Gud!
Hans navn være højt lovpriset!
                    2013
Melodi: Kristian La Cour

10. En tid til at fødes, en tid til at dø
en tid til at gøde et spirende frø
en tid til at høste i pose og sæk
en tid til at opgi og gemme sig væk

En tid til at falme novemberlig bleg
en tid til at vakle, for gammel til leg
en tid til at svigte sin tro og sin skat
en tid til at vente på vinter og nat

En tid til at skade og rive itu
en tid til at hade misundelig snu
en tid til i tvivl at fordømme sin ven
og nægte at samle sig sammen igen

En tid til at kastes i grødefuld jord
en tid til at varmes af levende ord
en tid til at mærke: af død avles tro
en tid til at håbe og høre og gro

En tid til at elskes og elske igen
en tid til at danse og favne sin ven
en tid til at møde sin fjende med smil
en tid til at følge ham mil efter mil

I tider der skifter er indlejret frø
med evighedskræfter der ikke kan dø
opstandelsestro af guddomlig kemi
som kender den Herre der sætter os fri

På tide at kende Gud selv i enhver
se tomheden blusse af livet som er
se løvet der visner, dog flamme af liv.
Hør, Gud siger ikke: Forgå! men: Forbliv!

I tide og utide: Kald os til tro!
og vand os og plej os at troen må gro!
Ja, væk os og vug os, vi er i din hånd,
Gud Fader, Gud Søn og Gud Hellige Ånd!
                                        2012
Melodi: Merete Bandak

11. De lange skygger – de korte dage
den hvide sol og den sorte busk
I rønnen hænger to bær tilbage
Nu skælver tagrørets silkedusk

I træet duen – på marken kragen
de søger læ, og de søger mad
og under barken på træet larven
der skjult fordøjer et vissent blad

En måge tramper – sig varm i kulden
vil ikke standse, gir ikke op
en regnorm vover sig op af mulden
en arbejdsløs søger stadig job

De trange tider – kun langsomt skrider
Gud, giv os mod og tålmodighed
du har jo hjerte for den der lider
vi ber dig: Varm os med kærlighed!

I fuglens fløjten – jeg hører råbet:
Der kommer tid og der kommer råd!
For alt i verden: Bevar dog håbet!
skønt den er skjult nu, den røde tråd

Et forår venter – en sommer kommer
og den som tror og som holder ved
skal møde Gud som en nådig dommer
når tiden rammes af evighed

2012

Melodi: Torsten Borbye Nielsen

12. Fader og Gud i det høje
Solskin i lysende løv
Giv os for sandheden øje
Saml mit flygtende støv

Lær os at tælle i stjerner
Abrahams aritmetik
Du som fornyer og værner
troens vidunderoptik

Regnbyger, værsgo at skylle
Rens mig for vantroens fejl
Vestenvind, blæs i min mølle
Helligånd, fyld mine sejl!

Kast os kun ud i orkaner
Sæt os i første geled
Plant os på tændte vulkaner
Lov os blot ét: Du er med!

Og har du tænkt dig at teste
os med et gennemsnitsliv
Giv os da blik for vor næste
Giv os et sandt perspektiv

2013

Melodi: Torsten Borbye Nielsen

13. Månen svæver tryg og rolig
dækket af en dyne af dis
sover i sin rumskibsbolig
i en aura fra paradis

Følger støt sin krumme bane
som en tæmmet venlig komet
klæber ved den gode vane
alle årstider, uanset

Fanger lys fra lysets kilde
kaster det til mennesker ud
veksler stadig jævnt og stille
mellem underskud - overskud

Aftenhimlens radiator
lyssignal fra løfternes land
kristenlivets inspirator
jeg vil ligne dig hvor jeg kan

Lige nu går jeg til hvile
lægger mig i Skaberens hånd
troen ser dig kærligt smile
Fader, Søn og Gud Helligånd
                          2013
Melodi: Torsten Borbye Nielsen

2. De grønne blades oxygen

Mel: Det blad som ormen trækker ned)

4.

I dag står vi op for vor Herres pris

Merete Bandak, 2022

Torsten Borbye Nielsen, 2022

Tak Gud for regnen

Merete Bandak 2020

Musik: Torsten Borbye Nielsen 2020

6.

Som sommernat orangerød i nord

Tekst: Merete Bandak 2020

Musik: Torsten Borbye Nielsen 2020

7.

Dåb (I havets brusen)

Merete Bandak

Torsten Borbye Nielsen 2016

8.

Håbet er her, I er jordens salt

Kristian la Cour, 2021

Merete Bandak, 2021

9.

Salige er de sørgende

10.

En tid til at fødes.

Tekst: Merete Bandak
Melodi: Merete Bandak
Arr.: Lena Maaløe

11.

De lange skygger - de korte dage

Tekst: Merete Bandak 2012

Musik: Torsten Borbye Nielsen 2020

12.

Tillid og tilflugt

Merete Bandak

Torsten Borbye Nielsen 2016

13.

Månen svæver tryg og rolig

Merete Bandak

Torsten Borbye Nielsen 2016

Melodier

Torsten Borbye Nielsen, guitarist, kirkemusiker, komponist og ansat i Areopagos som præst med særligt fokus på spiritualitet, spiller koncerter med trioen Tresafinado og det keltiske ensemble Vindens vej, bl.a.

Kristian La Cour, højskolelærer og leder af ugekurser på Askov Højskole, visesanger og komponist af sange og salmer i Højskolesangbogen, DGI-sangbogen, 100 salmer og Kirkesangbogen, bl.a.

Merete Bandak, ordkunstner i al beskedenhed, Nysted

Flere melodier er på vej

Illustrationer

Anita Goblin Rasmussen, billedkunstner, designer af alt muligt i papir, på papir, med akryl på papir og på lærred, 'Kunst skal ikke være så kompliceret', driver galleriet Goblin&Hil i Nysted

Hjemmeside
www.nyesalmer.org

Kontakt
mebandak@gmail.com